CATS AT HOME ALONE

Für dich versetze ich HIMMEL UND ERDE.
Erde war schon mal LEICHT ...

CATS AT HOME ALONE

VOL. 3
der Erfolgsreihe
MEINE KATZE IST EIN ARSCHLOCH

VORWORT

Es gibt circa 40 anerkannte Katzenrassen auf der Welt. Das wirkt überschaubar – und ist doch von der Zahl her nur ein Bruchteil all ihrer Spleens, Macken und Schrullen.

40, das dürfte auch nur ein kleiner Teil sein der Arten von Kartons, Kisten und Schubladen, in die sie sich mit Vorliebe zwängen. Oder der Futtersorten, die sie näschenrümpfend ablehnen. Oder der Haare, die sie hochwürgen – grundsätzlich im Bett ihres Dosenöffners.

Heute, in Zeiten, da jeder ihre Kapriolen mit dem stets griffbereiten Mobiltelefon als Fotos oder Videos für die Nachwelt nicht nur aufzeichnen, sondern auch übers Internet sofort in alle Welt verbreiten kann, werden sie dort so verehrt wie zuletzt zu Zeiten der alten Ägypter. Im World Wide Web erreichen sie ja auch ein ungleich größeres Publikum, denn als Zeichnungen im Grabmal eines Pharao. Manch einer unkt sogar, das Internet sei allein dazu erfunden worden, Katzen zu huldigen.

Und Hand aufs Herz, welcher Katzenliebhaber hat nicht schon etliche Stunden damit verbracht, dass er sich einen mehrstündigen Mastercut aus den viral gegangenen Katzenvideos nach dem anderen angesehen hat. Irgendwie muss man ja die Zeit zwischen den Streichen der eigenen Vierbeiner überbrücken.

Wir finden: In Buchform klappt das mindestens ebenso gut! Statt einer unüberschaubaren Flut an Bildern auf einer Myriade von Internetseiten, treten wir diesen Beweis nun immerhin schon zum dritten Mal an.

Wusstet ihr übrigens, dass Katzen zwei Drittel des Tages verschlafen? Wie schrieb einst der französische Schriftsteller und Kritiker Jules Champfleury (1821–1889): „Eine dösende Katze ist das Abbild perfekter Seligkeit." Vermutlich bestand Champfleurys eigene Seligkeit darin, dass seine Tiger in Moment des Dösens weder etwas herunterwarfen noch hochwürgten. Euch wünschen wir nun Momente perfekter (Glück-)Seligkeit beim Lesen dieses Buchs.

KLAUS BUNTE

ENDLICH

sturmfreie Bude

War eh kein einziges Rezept mit

MÄUSESPECK

drin …

Vergesst die WINKEKATZE,

jetzt komme ICH:

die KLINKEKATZE!

Komm, jeder würgt noch ein HAARBÄLLCHEN da rein, und DER SPASS kann beginnen …

Ich hab' mich heute mal
IN SCHALE
GEWORFEN.

Willst du einen
LUFTBALLON, GEORGIE?

Die fliegen,

sie fliegen
ALLE!

GUT, hast Recht,

woanders ist **DAS GRAS** echt nicht grüner.

BITTE, BITTE, können wir jetzt „DIE SENDUNG MIT DER MAUS" schauen?

ANFÄNGER!

Lass mich da rein und ich hol dir die Kugel in zehn Sekunden.

Soll ich noch länger zuhören,
oder ihr einfach IN DIE ROSEN kacken?

www.reifes-miauen-aus-deiner-nachbarschaft.de

Das fehlende Puzzleteil findest du morgen wieder.

IM KATZENSTREU.

Wird Zeit, dass du
NE PAUSE einlegst
und mich FÜTTERST.

Ich sorg dann mal FÜR ORDNUNG

Du setzt meine Leckerlis als Bewirtungskosten ab?

MUTIG, MUTIG ...

EY, guck nicht so blöd
in die WÄSCHE!

WIR HABEN DICH vor dieser
fleischfressenden Pflanze gerettet!
EHRLICH!

Das ist doch nur
EIN FETZEN PAPIER ...

Näher an der BODENHEIZUNG
trocknet das doch alles
VIEL SCHNELLER.

Irgendwie müssen wir die drei Bruttoregistertonnen KLOPAPIER, die du während CORONA gebunkert hast, doch verwerten.

Du wischst **MEINE HAARE** weg?

NA GUT,

ich drück' mal **EIN AUGE** zu …

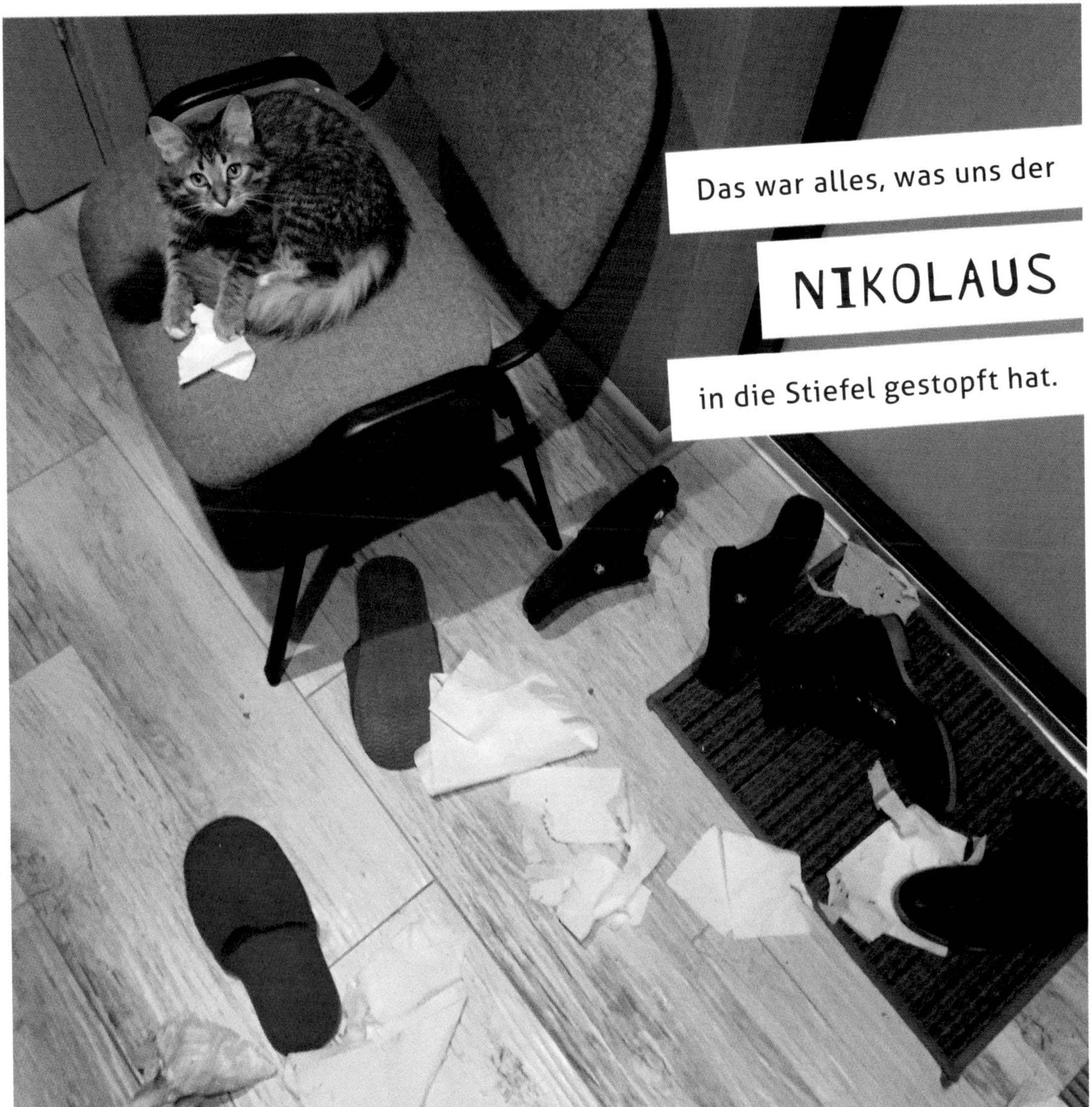
Das war alles, was uns der
NIKOLAUS
in die Stiefel gestopft hat.

Die solltest du GANZ SCHNELL durch neue ersetzen. Bevor WIR UNS daran verletzen …

So viel trockner
isses HIER DRUNTER
aber auch nicht ...

Ich habe sie GERETTET!

Die wären fast ERTRUNKEN!

Eigentlich hätte ich mir in diesem Buch

ja eine **GRÖSSERE ROLLE** gewünscht.

Du kannst nicht behaupten, ich wäre nicht **AUF DEM TEPPICH** geblieben!!!

Wenn ich aufwache, nehme ich gerne eine TASSE TEE mit etwas GEBÄCK.

Wenn's weder KATZENGRAS noch MINZE ist, kann ich's doch auch runterwerfen, ODER?

Ich denke, ich sollte

AUF DIE SOCKEN machen???

Ich chille, wo und wie

ICH WILL

Was passiert, wenn da KATZENURIN reinfließt?
Ich frage für einen FREUND ...

Ich mache dir ein
ANGEBOT, das du
nicht ablehnen kannst.

Pah! Selber
PANTOFFELHELD!

So müsstest du mich doch reinschmuggeln können

ins **IKEA-BÄLLEBAD,** oder?

Warum riecht es hier nach
ANGEBRANNTEN HAAREN?
9:02

Doch, ich bin deine Tochter,

nur eben recht BEHAART.

Bekomme ich jetzt endlich mein FLÄSCHCHEN MILCH?

Ich hab nur SCHWERE KNOCHEN.

DAAAANKE! Viel schöner als der olle Katzentunnel VON PRADA!

Die Kleiderordnung in diesem Etablissement
LÄSST STARK
ZU WÜNSCHEN ÜBRIG.

Mach voran, SANDMANN,
ich brauche meine
20 STUNDEN SCHLAF!

Meine neueste Erfindung:

DER THERMOMIEZ!

Bei dir sieht's viel gemütlicher aus

ALS BEI MIR ...

Merk dir meinen
NAMEN, du wirst ihn
die GANZE NACHT
miauen!

Ich verspüre ein leichtes APPETITGEFÜHL

IM ANFLUG!

UIUIUIUIUI, da drüben sonnt sich 'ne **NACKTKATZE** ...

Ich fühle mich heute sehr **ARMLEHNUNGS-BEDÜRFTIG**.

Du bist nicht HIGH
VON BALDRIAN,
solange du noch auf dem
Boden liegen kannst,
ohne dich FESTHALTEN
zu müssen.

ICH FÜHLE

mich heute ganz schön

GEBEUTELT.

Bitte alle halbe Stunde einmal wenden,

BIS ICH GUT DURCH BIN.

DO - RE - MI ...

Mein großes Vorbild:
AL BUNDY!

Was heißt hier
„ETIKETTENSCHWINDEL"?

Für „PRIME"
schmeckt's
reichlich PAPPIG.

Ist das ein Versuch, mir ein

KIND ANZUHÄNGEN?

ICH WÄRE DANN

reisefertig.

Jetzt noch ein HAHN
und ein HUND,
und dann geht's ab
ZU DSDS.

Du kommst mir nicht

IN DIE TÜTE!

HEUTE NICHT –

ich hab MIGRÄNE!

Ich bat um Katzenminze!
KEINE KATZENMINIONS!

PARTYTIME

Dieses Ställchen
IST ZU KLEIN
für uns beide!

Am Morgen danach neben
SO 'NER MAUS aufzuwachen –
DAS WAR'S WERT.

HMMM. KAPUTT.
Hast du noch den KASSENBON?

I can't get no
CATISFACTION?
Catisfactions
NIMM DIES,
MICK JAGGER!

LEUTE, kann doch nicht so schwer sein,
diese kleine **KUGEL** zu fangen!

Ich finde
DEINE LIEBE aktuell
etwas ERDRÜCKEND ...

Von nun nennet mich

DARTAGNAN!

Die Chips näher heranrücken du musst,
JUNGER JEDI!

ICH BIN RAUS.
Die MÄUSE hier vor mir sind nicht echt.

ENDLICH
ASCHERMITTWOCH!

KEIN TOFU
auf diesen Grill!

Können wir nicht lieber
MAU MAU spielen?

Das entlastet aber deinen
FERSENSPORN!

MILDES BALDRIAN-BOUQUET,

aber ganz schön stark

IM ABGANG …

Zum NACHTISCH bitte das Gleiche

noch einmal!

DAS GRÜNZEUG

kannst du selber ESSEN!

Ich habe sie gefunden,
DIE TÜR zum
SCHLARAFFENLAND...

BOAH, was hast du denn gefressen?

ZWIEBELSUPPE?

Das war DIE ERSTE
und DIE LETZTE
Spitzmaus ...

Was nicht passt,
WIRD PASSEND
GEMACHT.

Wie kann ich es
WIE EINEN UNFALL
aussehen lassen?

Alle drei Teller auf einmal runter?

LOS, SAG „FEIGE"!

ES IST NICHT,
wonach es aussieht!

Verkleide mich noch einmal als **SHAUN DAS SCHAF** und wir bekommen uns mächtig **IN DIE WOLLE!**

Ein Königreich für eine

LÄNGERE ZUNGE.

Ihr liebt uns doch

SOWIESO

„VOLLE KANNE"

habe ich mir irgendwie

ANDERS vorgestellt.

Wir müssen dich
EINSCHLÄFERN lassen –
deine Füße haben die TOLLWUT!

Wozu ZOOM?
DEIN BOSS
sitzt direkt vor dir.

Du bist in meinem HERZEN –
und in meiner BLASE …

Das GRÖSSTE GESCHENK auf Erden bin ohnehin ICH.

VERZIEH DICH!

Ich hab ne Birkenpollen-Allergie!

Komm mir **NICHT** zu nah,

bevor ich nicht

meinen ersten

KAFFEE hatte.

Ich war jung und brauchte
DIE LECKERLIS.

Ich steh nicht auf solche
GLITZER-PUSSYS.

So ein intakter

WEIHNACHTSBAUM –

ich kann's nicht mit ansehen!

Endlich der RICHTIGE PLATZ
für mein 20-STUNDEN-NICKERCHEN.

DU WILLST
ES DOCH AUCH ...

Ich wollte endlich mal **FUSS FASSEN.**

Okay, du hast die **HARTE SCHALE,** bekommen wir den **WEICHEN KERN?**

Ich hab's noch mit **HERZ-LUNGEN-MASSAGE** versucht, ehrlich!

MINZE?

Rieche ich da etwa

MINZE?

HALT,
allgemeine
VERZEHRSKONTROLLE!

Ziehst du dir GEFÄLLIGST

WIEDER WAS AN???

Der PAKETBOTE war da und ich durfte ihn nicht KRATZEN?

Heute geht nur

KATZENWÄSCHE.

EIN SIT-UP AM TAG
muss reichen.

Herzliche
Fleischwurst

DAS ENDE
DER WURST
IST NAH ...

Wird’s nicht langsam mal

ZEIT FÜR WAS NEUES?

Mir wird SCHWINDLIG von den rechtsdrehenden Kulturen – ich muss sie sofort VERNICHTEN.

Homeoffice ist

WAHNSINNIG

ermüdend.

Ich als der ÄLTERE
habe immer noch das Vorrecht,
es zu ZERBRECHEN!
VET-CONCEPT
Bruchgefahr !

TS TS TS …

Der **HUND** wieder!

JUHUUU!
Endlich ist das Buch zu Ende!
SCHULDIG!
MEINE KATZE IST EIN ARSCHLOCH
DEINE AUCH?
VOL. 2
NGV
Amalthea
Englisch

BILDNACHWEIS

© Klaus Bunte/Greta und Garbo (Seite 4)
© Mandy Coomber/Wonky (Seite 8 beide, 22, 73 und 82)
© Ute/Ludwig (Seite 9 und 108 oben)
© Ulrike Alba/Katze und Kater (Seite 10 und 91)
© Ariane Trost/Lance (Seite 11 und 52)
© Melanie Krötz/Henry (Seite 12, 56 und 116/117)
© Chrissi und Fabi/Cleo (Seite 13, 36 unten, 57, 76, 126 oben Mitte und 127 unten)
© Sabrina Kollmann/Mogli (Seite 14)
© Mandy Coomber/Juniper (Seite 15)
© Frank Hertwig/Leo und Nachbarskatze (Seite 16)
© Nicole Göldi/Mimsi (Seite 18 und 86)
© Anna Löffler/Maneki (Seite 19 und 98)
© Nicole W./Panda und Mia (Seite 23)
© Melanie Krötz/Pikurri (Seite 25, 28, 37 und 79)
© Sonja Theis-Hadamczyk/Nelly (Seite 26)
© Hanni (Seite 27 und 128 2. von links)
© Sybille Klüsener/Joschi (Seite 31 und 104)
© Angelika Steyer/Muffin (Seite 34)
© Sabrina Kollmann/Fiete (Seite 35)
© Nena Mehls/Aslan (Seite 36 oben, 110 und 126 unten links)
© Steven Walter/Chayenne (Seite 40, 87 und 124 oben)

© Melanie Krötz/Missy (Seite 49 und 127 Mitte)
© Karin Preisinger/Minki und Wölkchen (Seite 50)
© Karin Preisinger/Wölkchen (Seite 53 oben, 101 und 126 unten Mitte)
© Nicole W./Nala (Seite 53 unten)
© Bianca/Honey (Seite 54)
© Nadine Boden/Rosalie (Seite 55, 124 unten und 125 unten rechts)
© Monique Manke/Mimmie (Seite 58)
© Martina Hofer/Luna (Seite 59, 97, 120 beide und 128 rechts)

© Yvonne Sanchez/Mimi (Seite 60 und 77)
© Nelly Teich/Rocky (Seite 62)
© Luca und Alessa/Kitty (Seite 63)
© Schnucki (Seite 64)
© Nelly Teich/Prinz (Seite 65 und 125 Mitte)
© Klaus Bunte/Greta (Seite 66/67)
© Michaela Brück/Flauschi und Lotti (Seite 70)
© Kristina Hoffmann/Bailey
(Seite 71 und 125 unten links)
© Yvonne Sanchez/Nici (Seite 72)
© Bettina Ober/Chipsi (Seite 74 und 89 oben)
© Nadine Boden/Rosalie und Tilda (Seite 75)
© Bianca/Salt (Seite 78)
© Frank Hertwig/Leo (Seite 80)
© Monique Manke/Minka (Seite 81)
© Katharina Schäfer/Lilly (Seite 84/85, 102 und 111)
© Bianca/Salt und Noomi (Seite 88)
© Bettina Ober/Chio (Seite 89 unten und 100 beide)
© Sabrina Kollmann/Gizmo und Mogli (Seite 90)
© Hanni und Schnucki (Seite 92 oben)
© Marion und Volker/Lady (Seite 92 unten)
© Deborah Zawodny/Marty (Seite 93)
© Jerome Riegel und Sebastian Strunk/Rio
(Seite 105)
© Prinzessin Frank Michelis/Prinz (Seite 106)
© Yvonne Sanchez/Mimi und Nici
(Seite 108 unten)
© Annett und Klaus Schroth/Frieda (Seite 109)

© Karin Preisinger/Minki (Seite 113 und 126 unten Mitte)
© Nelly Teich/Rocky und Prinz (Seite 114)
© Melanie Krötz/Henry und Pikurri (Seite 121)
© Ulrike Alba/Kater (Seite 123)
© Marc und Sonja/Baggy (Seite 125 oben Mitte)
© Sabrina Kollmann/Gizmo (Seite 125 oben rechts)
© Kristina Hoffmann/Lui (Seite 126 unten rechts und 128 2. von rechts)
© Andrea/Rudi (Seite 127 oben)

stock.adobe.com
© CrispyMedia (Seite 2 und 24), © svetlanais (Seite 17), © verdissa (Seite 29), © tibanna79 (Seite 30), © Nataliia Pyzhova (Seite 32/33), © Pixel Shot (Seite 99), © Agata Kowalczyk (Seite 118), © Real Moment (Seite 126 oben links und 128 links)

ILLUSTRATIONEN
© Designed by Freepik (Katzen), © warmworls (Tatzen)

TEXTE
Klaus Bunte

REDAKTION
Nelly Teich